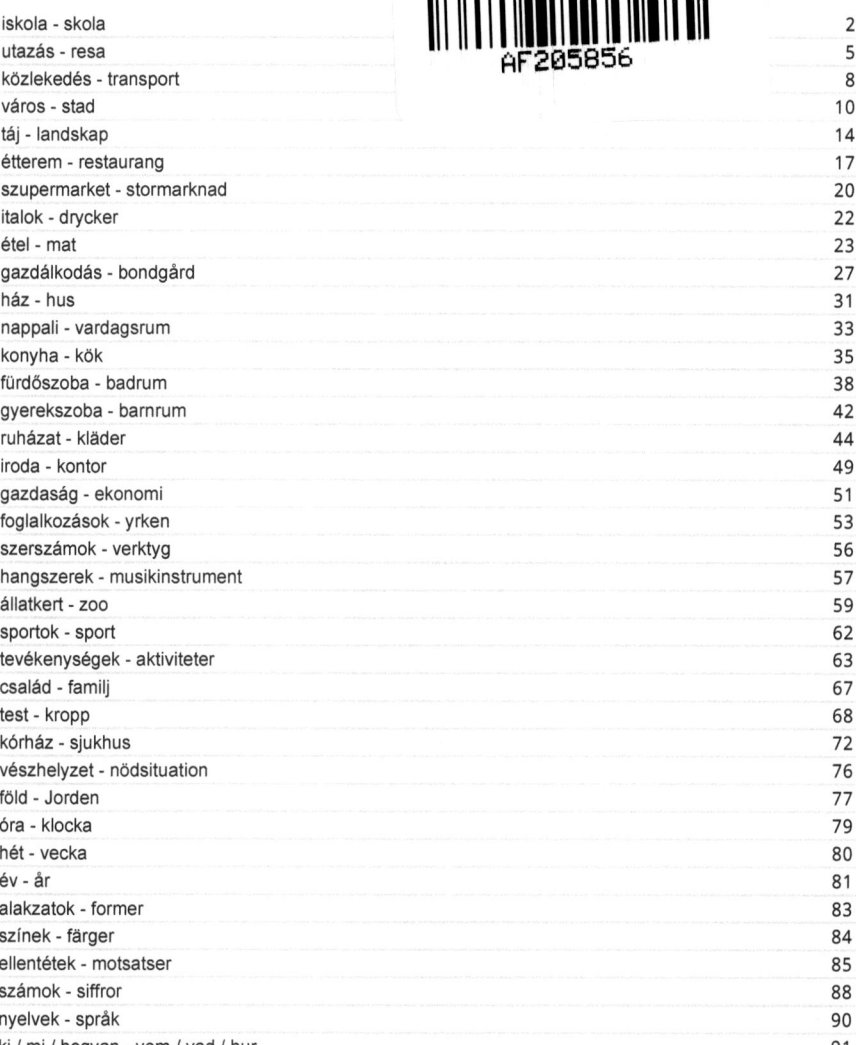

Impressum
Verlag: BABADADA GmbH, Nedderfeld 112 , 22529 Hamburg
Geschäftsführer / Verlagsleitung: Harald Hof
Druck: Books on Demand GmbH, In de Tarpen 42, 22848 Norderstedt

Imprint
Publisher: BABADADA GmbH, Nedderfeld 112 , 22529 Hamburg, Germany
Managing Director / Publishing direction: Harald Hof
Print: Books on Demand GmbH, In de Tarpen 42, 22848 Norderstedt, Germany

iskola
skola

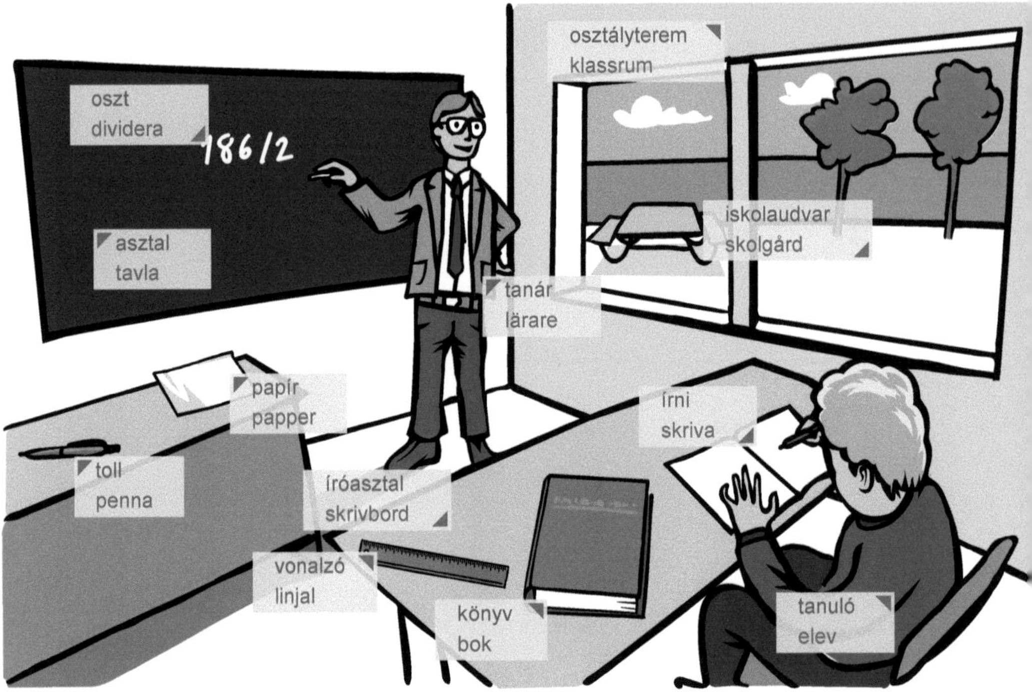
osztályterem
klassrum
oszt
dividera
186/2
asztal
tavla
iskolaudvar
skolgård
tanár
lärare
papír
papper
írni
skriva
toll
penna
íróasztal
skrivbord
vonalzó
linjal
könyv
bok
tanuló
elev

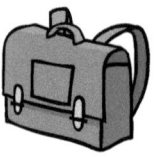

iskolatáska
skolväska

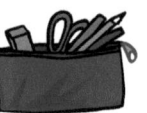

tolltartó
pennfodral

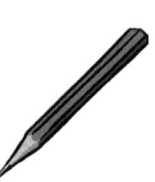

ceruza
blyertspenna

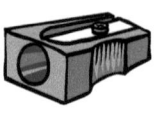

ceruzahegyező
pennvässare

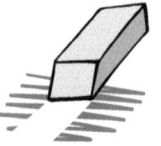

radír
suddgummi

rajzfüzet
ritblock

rajz	ecset	festőkészlet
teckning	pensel	målarlåda

olló	ragasztó	munkafüzet
sax	lim	övningsbok
	**12**	**2+2**
házi feladat	szám	összead
hemläxa	tal	addera
5-2	**2×2**	
kivon	szoroz	számol
subtrahera	multiplicera	räkna
	**ABCDEFG HIJKLMN OPQRSTU VWXYZ**	**hello**
betű	ABC	szó
bokstav	alfabet	ord

szöveg

text

olvasni

läsa

kréta

krita

tanóra

lektion

napló

register

vizsga

prov

bizonyítvány

intyg

iskolai egyenruha

skoluniform

oktatás

utbildning

enciklopédia

uppslagsverk

egyetem

universitet

mikroszkóp

mikroskop

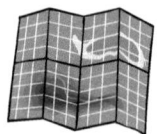

térkép

karta

papír-hulladék gyűjtő

papperskorg

utazás

resa

hotel
hotell
Grand
szállás
vandrarhem
ROOMS
valutaváltó iroda
växelkontor
EXCHANGE
bőrönd
resväska
autó
bil

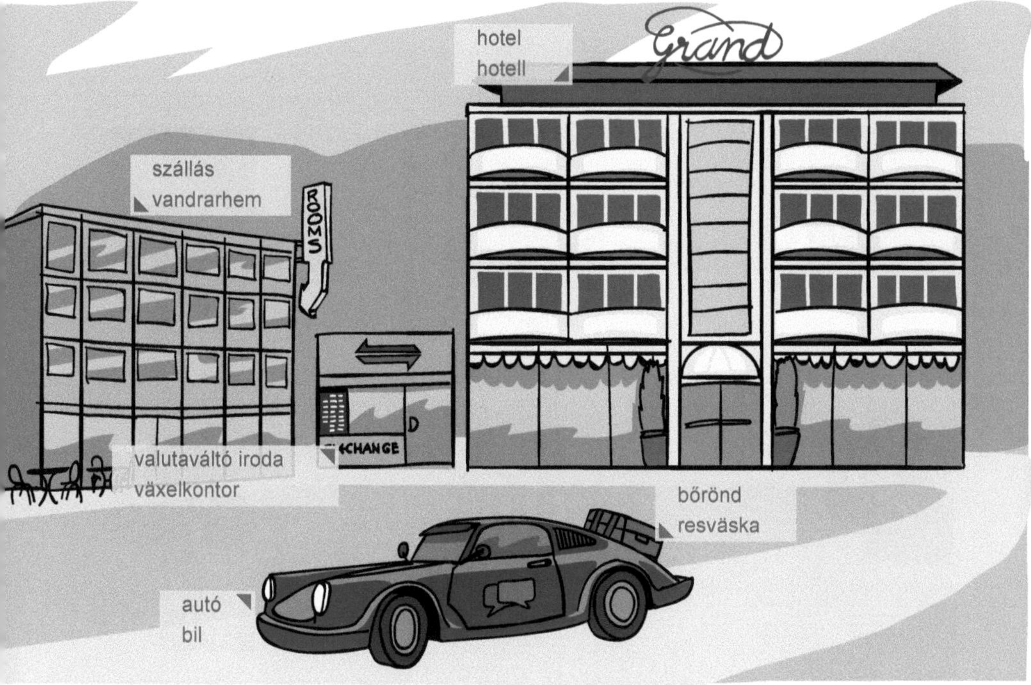

nyelv

språk

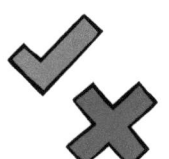

igen/nem

ja / nej

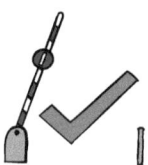

rendben

Okay

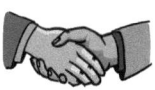

szia

hej

fordító

översättare

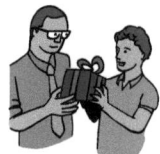

köszönöm

Tack

mennyibe kerül…?

hur mycket kostar…?

nem értem

jag förstår inte

probléma

problem

Jó estét!

God kväll!

jó reggelt!

God morgon!

jó éjszakát!

God natt!

viszontlátásra

hejdå

útirány

riktning

poggyász

bagage

táska

väska

hátizsák

ryggsäck

vendég

gäst

szoba

rum

hálózsák

sovsäck

sátor

tält

turista információ

turistinformation

strand

strand

hitelkártya

kreditkort

reggeli

frukost

ebéd

lunch

vacsora

middag

jegy

biljett

lift

hiss

bélyeg

frimärke

határ

gräns

vám

tull

nagykövetség

ambassad

vízum

visum

útlevél

pass

közlekedés
transport

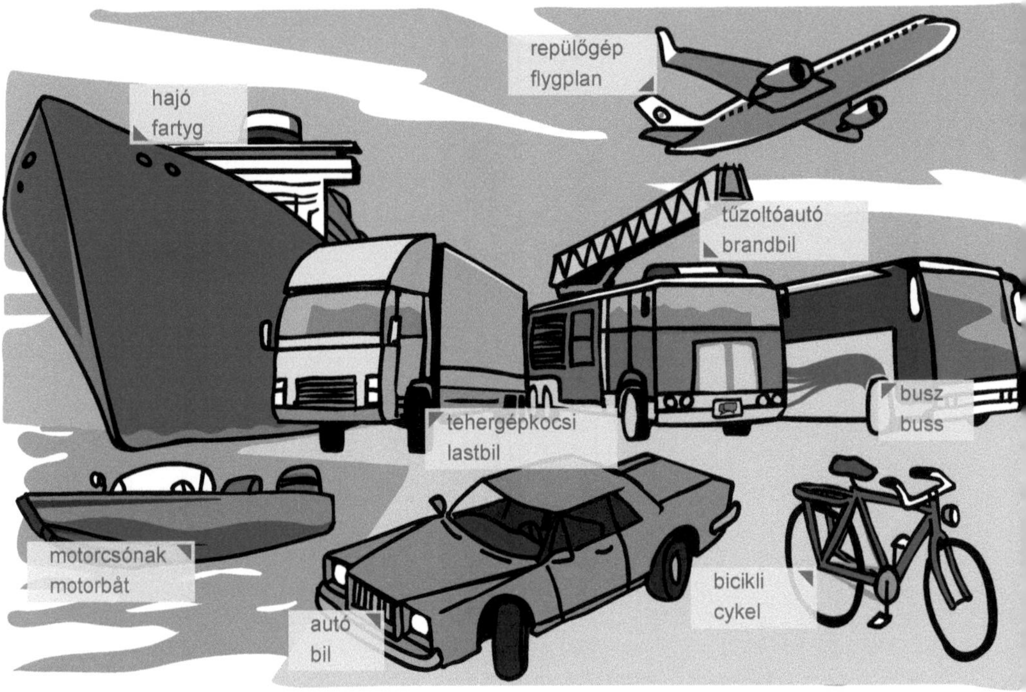
repülőgép
flygplan
hajó
fartyg
tűzoltóautó
brandbil
busz
buss
tehergépkocsi
lastbil
motorcsónak
motorbåt
bicikli
cykel
autó
bil

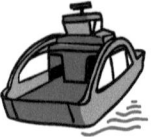

komp

färja

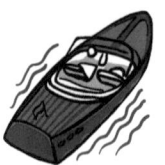

csónak

båt

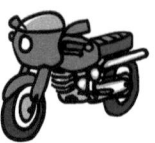

motorkerékpár

motorcykel

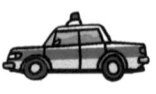

rendőrautó

polisbil

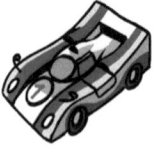

versenyautó

racerbil

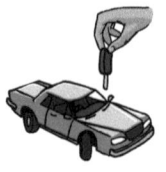

bérautó

hyrbil

telekocsi

bilpool

vontató

bärgningsbil

szemetes autó

sopbil

motor

motor

üzemanyag

bränsle

benzinkút

bensinstation

közlekedési tábla

vägmärke

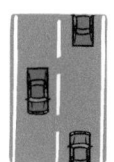

forgalom

trafik

forgalmi dugó

bilkö

parkoló

parkeringsplats

vonatállomás

tågstation

sínek

räls

vonat

tåg

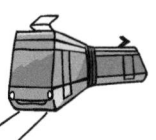

villamos

spårvagn

vagon

vagn

közlekedés - transport

9

helikopter
helikopter

repülőtér
flygplats

torony
torn

utas
passagerare

konténer
container

kartondoboz
kartong

taliga
vagn

kosár
korg

felszáll / leszáll
starta / landa

város
stad

falu
by

városközpont
centrum

ház
hus

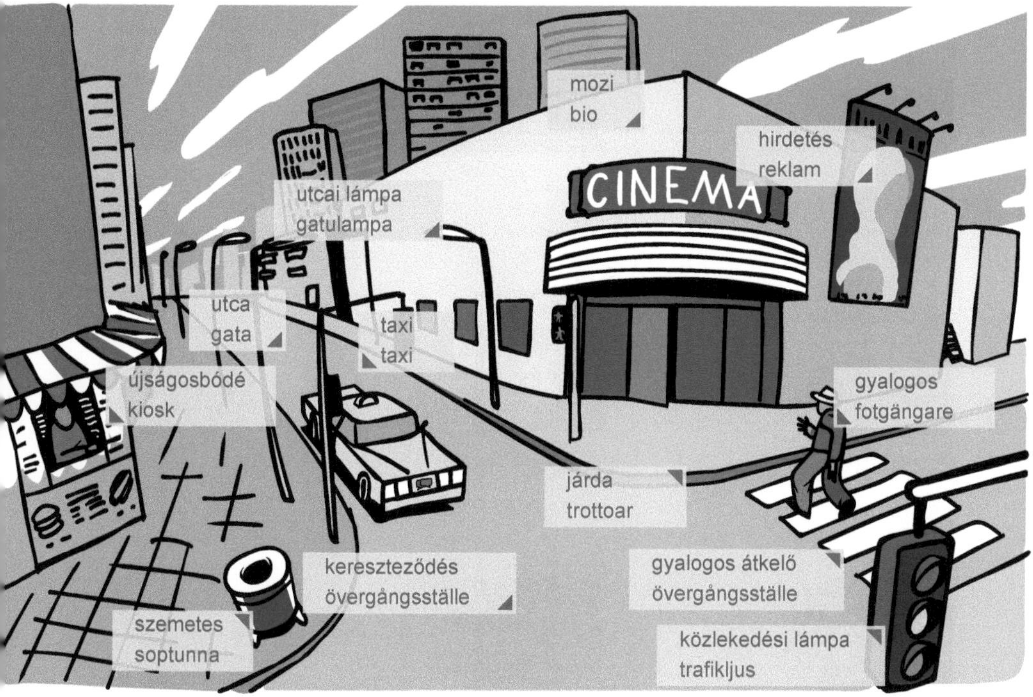

mozi
bio

hirdetés
reklam

utcai lámpa
gatulampa

CINEMA

utca
gata

taxi
taxi

újságosbódé
kiosk

gyalogos
fotgängare

járda
trottoar

kereszteződés
övergångsställe

gyalogos átkelő
övergångsställe

szemetes
soptunna

közlekedési lámpa
trafikljus

kunyhó
....
stuga

lakás
....
lägenhet

vonatállomás
....
tågstation

városháza
....
stadshus

múzeum
....
museum

iskola
....
skola

egyetem
universitet

bank
bank

kórház
sjukhus

hotel
hotell

gyógyszertár
apotek

iroda
kontor

könyvesbolt
bokhandel

üzlet
affär

virágüzlet
blomsterbutik

szupermarket
stormarknad

piac
marknad

áruház
varuhus

halárus
fiskhandlare

bevásárló központ
köpcentrum

kikötő
hamn

park

park

pad

bänk

híd

brygga

lépcső

trappa

metró

tunnelbana

alagút

tunnel

buszmegálló

busshållplats

bár

bar

étterem

restaurang

postaláda

brevláda

utcatábla

gatuskylt

parkoló óra

parkeringsautomat

állatkert

zoo

uszoda

simbassäng

mecset

moské

gazdálkodás
bondgård

környezetszennyezés
förorening

temető
kyrkogård

templom
kyrka

játszótér
lekplats

szentély
tempel

táj
landskap

levél
löv

útjelző tábla
vägskylt

út
väg

rét
äng

kő
sten

túrázó
liftare

fa
träd

folyó
flod

fű
gräs

virág
blomma

völgy
dal

domb
kulle

tó
sjö

erdő
skog

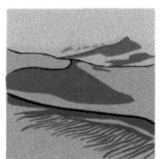

sivatag
öken

vulkán
vulkan

kastély
slott

szivárvány
regnbåge

gomba
svamp

pálmafa
palm

szúnyog
mygga

légy
fluga

hangya
myra

méhecske
bi

pók
spindel

bogár

skalbagge

béka

groda

mókus

ekorre

sündisznó

igelkott

nyúl

hare

bagoly

uggla

madár

fågel

hattyú

svan

vaddisznó

vildsvin

szarvas

rådjur

rénszarvas

älg

gát

damm

szélturbina

vindkraftverk

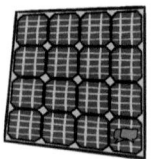

napelem

solcellspanel

éghajlat

klimat

pincér
servitör

menü
meny

szék
stol

leves
soppa

pizza
pizza

terítő
bordsduk

evőeszköz
bestick

előétel
förrätt

főétel
huvudrätt

desszert
dessert

italok
drycker

étel
mat

üveg
flaska

gyorsétel

snabbmat

gyorsétel

street food

teás kanna

tekanna

cukortartó

sockerskål

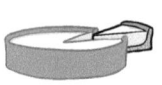

adag

portion

eszpresszógép

espressomaskin

bárszék

barnstol

számla

räkning

tálca

bricka

kés

kniv

villa

gaffel

kanál

sked

teáskanál

tesked

szalvéta

servett

pohár

glas

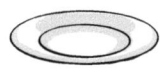

tányér

tallrik

leveses tányér

sopptallrik

csészealj

tefat

szósz

sås

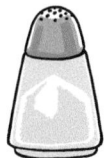

sószóró

saltkar

borsőrlő

pepparkvarn

ecet

vinäger

étkezési olaj

olja

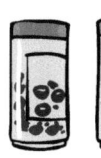

fűszerek

kryddor

ketchup

ketchup

mustár

senap

majonéz

majonnäs

szupermarket
stormarknad

különleges ajánlat
specialerbjudande
FOR
ügyfél
kund
tejtermék
mejeriprodukter
gyümölcsök
frukt
bevásárló kocsi
varukorg

BUTCHERS

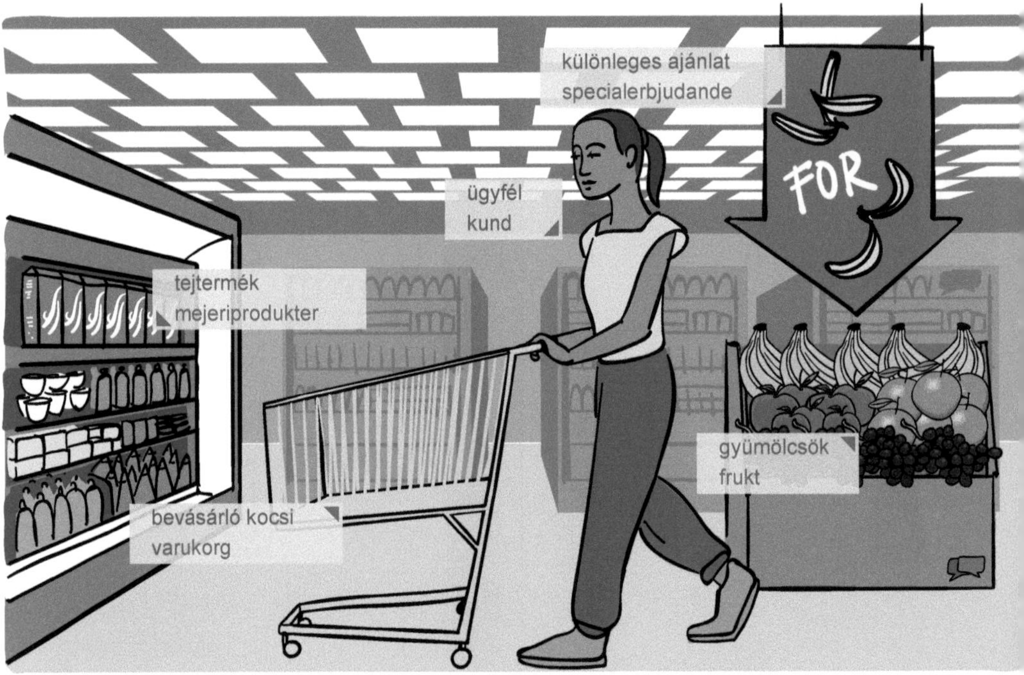

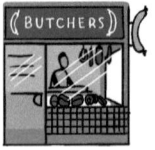

hentes
charkuteri

BAKERY

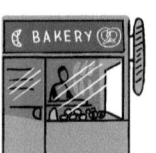

pékség
bageri

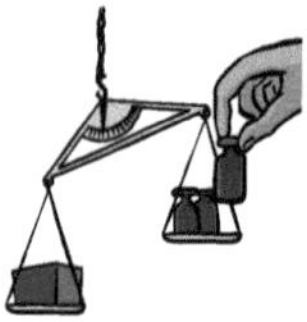

nyom valamennyit
väga

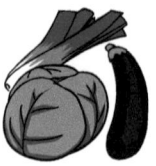

zöldség
grönsaker

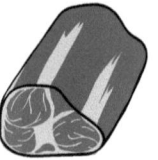

hús
kött

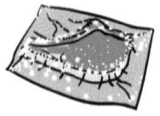

fagyasztott áru
frysta livsmedel

felvágott

pålägg

konzerv

konserver

mosópor

tvättmedel

édességek

godis

háztartási termék

hushållsprodukter

tisztítószerek

rengöringsmedel

eladó

försäljare

pénztárgép

kassa

eladó

kassör

bevásárló lista

inköpslista

nyitva tartás

öppettider

levéltárca

plånbok

hitelkártya

kreditkort

zacskó

väska

műanyag zacskó

plastpåse

víz
vatten

gyümölcslé
juice

tej
mjölk

kóla
cola

bor
vin

sör
öl

alkohol
alkohol

kakaó
kakao

tea
te

kávé
kaffe

eszpresszó
espresso

kapucsínó
cappuccino

banán
banan

alma
äpple

narancs
apelsin

sárgadinnye
melon

citrom
citron

sárgarépa
morot

fokhagyma
vitlök

bambusz
bambu

hagyma
lök

gomba
svamp

magvak
nötter

nokedli
nudlar

spagetti

spaghetti

rizs

ris

saláta

sallad

sült krumpli

pommes frites

sült burgonya

stekt potatis

pizza

pizza

hamburger

hamburgare

szendvics

smörgås

hússzelet

schnitzel

sonka

skinka

szalámi

salami

kolbász

korv

csirke

kyckling

pecsenye

stek

hal

fisk

zabkása
havregryn

müzli
müsli

kukoricapehely
cornflakes

liszt
mjöl

croissant
croissant

zsemle
fralla

kenyér
bröd

pirítós kenyér
rostat bröd

keksz
kex

vaj
smör

túró
kvarg

sütemény
kaka

tojás
ägg

tükörtojás
stekt ägg

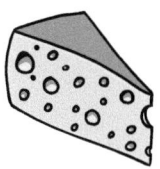

sajt
ost

étel - mat

jégkrém

glass

cukor

socker

méz

honung

lekvár

sylt

mogyorókrém

nougatkräm

curry

curry

gazdálkodás
bondgård

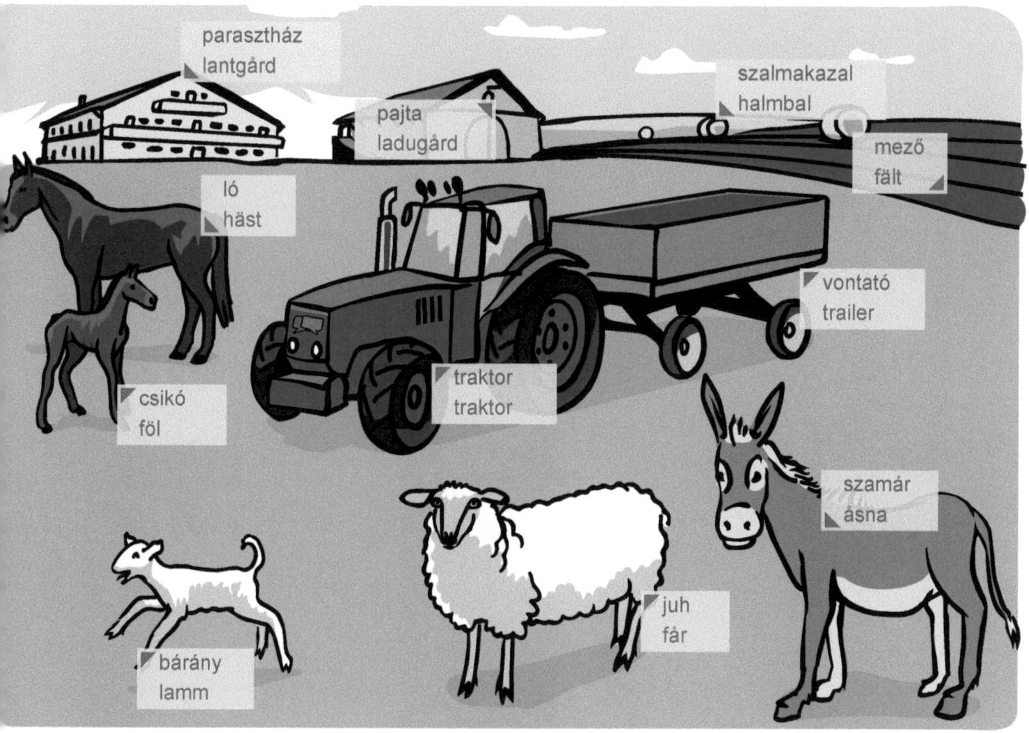
parasztház
lantgård
pajta
ladugård
szalmakazal
halmbal
mező
fält
ló
häst
vontató
trailer
traktor
traktor
csikó
föl
szamár
åsna
juh
får
bárány
lamm

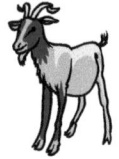

kecske

get

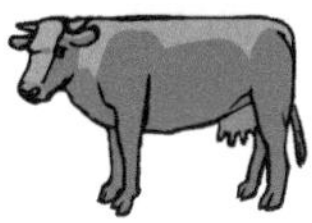

tehén

ko

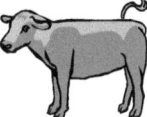

borjú

kalv

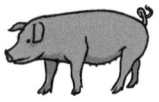

malac

gris

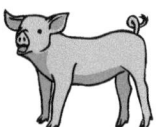

kismalac

griskulting

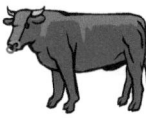

bika

tjur

liba
gås

kacsa
anka

csibe
kyckling

tojó
höna

kakas
tupp

patkány
råtta

macska
katt

egér
mus

ökör
oxe

kutya
hund

kutyaház
hundkoja

kerti öntözöcső
trädgårdsslang

öntözőkanna
vattenkanna

kasza
lie

eke
plog

sarló
skära

kapa
hacka

vasvilla
högaffel

fejsze
yxa

talicska
skottkärra

teknő
tråg

tejes kancsó
mjölkflaska

zsák
säck

kerítés
staket

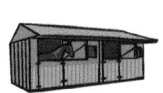

istálló
stall

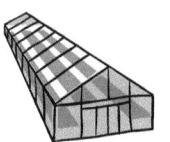

üvegház
växthus

talaj
jord

vetőmag
säd

trágya
gödsel

cséplőgép
skördetröska

szüretelni

skörda

betakarítás

skörd

yamgyökér

jams

búza

vete

szója

soja

burgonya

potatis

kukorica

majs

repcemag

raps

gyümölcsfa

fruktträd

manióka

maniok

gabona

spannmål

ház
hus

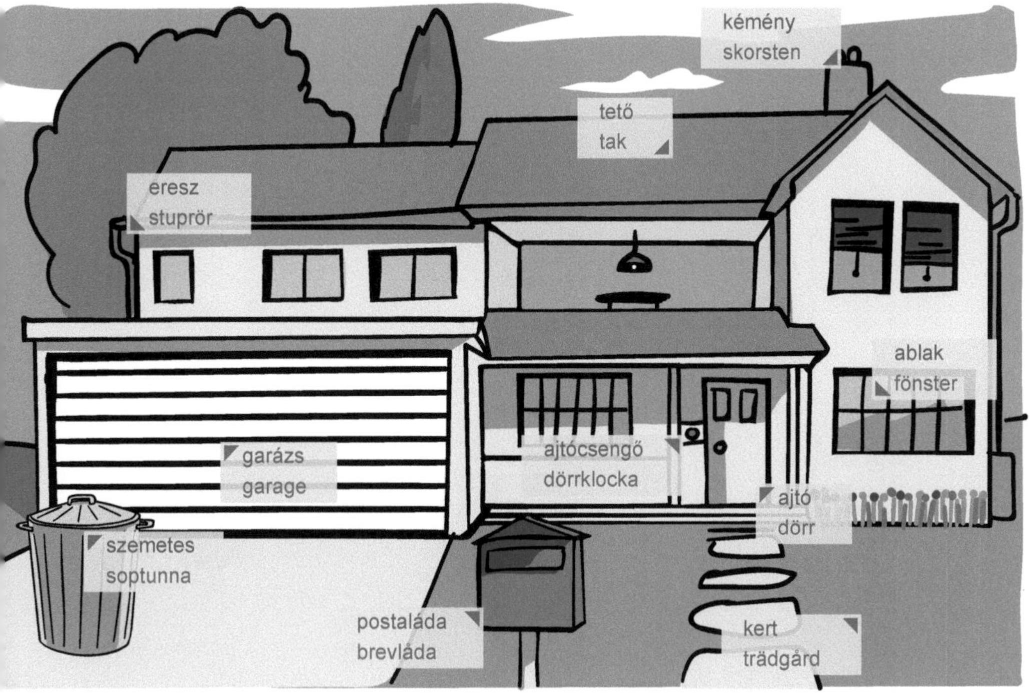

kémény
skorsten
tető
tak
eresz
stuprör
ablak
fönster
garázs
garage
ajtócsengő
dörrklocka
ajtó
dörr
szemetes
soptunna
postaláda
brevláda
kert
trädgård

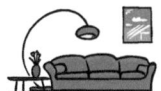

nappali

vardagsrum

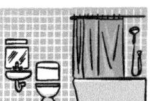

fürdőszoba

badrum

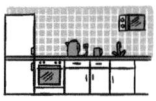

konyha

kök

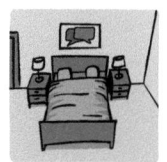

hálószoba

sovrum

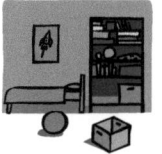

gyerekszoba

barnrum

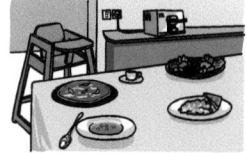

ebédlő

matsal

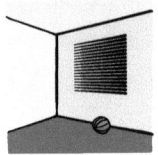

padló

golv

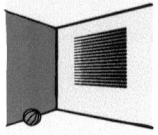

fal

vägg

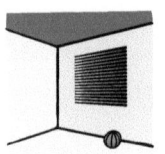

plafon

tak

pince

källare

szauna

bastu

erkély

balkong

terasz

terrass

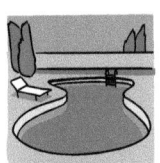

medence

bassäng

fűnyíró

gräsklippare

lepedő

lakan

ágytakaró

överkast

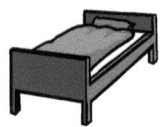

ágy

säng

seprű

kvast

vödör

hink

kapcsoló

strömbrytare

nappali
vardagsrum

tapéta
tapet
kép
bild
lámpa
lampa
polc
hylla
szekrény
skåp
televízió
TV
kandalló
eldstad
virág
blomma
párna
kudde
kanapé
soffa
váza
vas
távirányító
fjärrkontroll

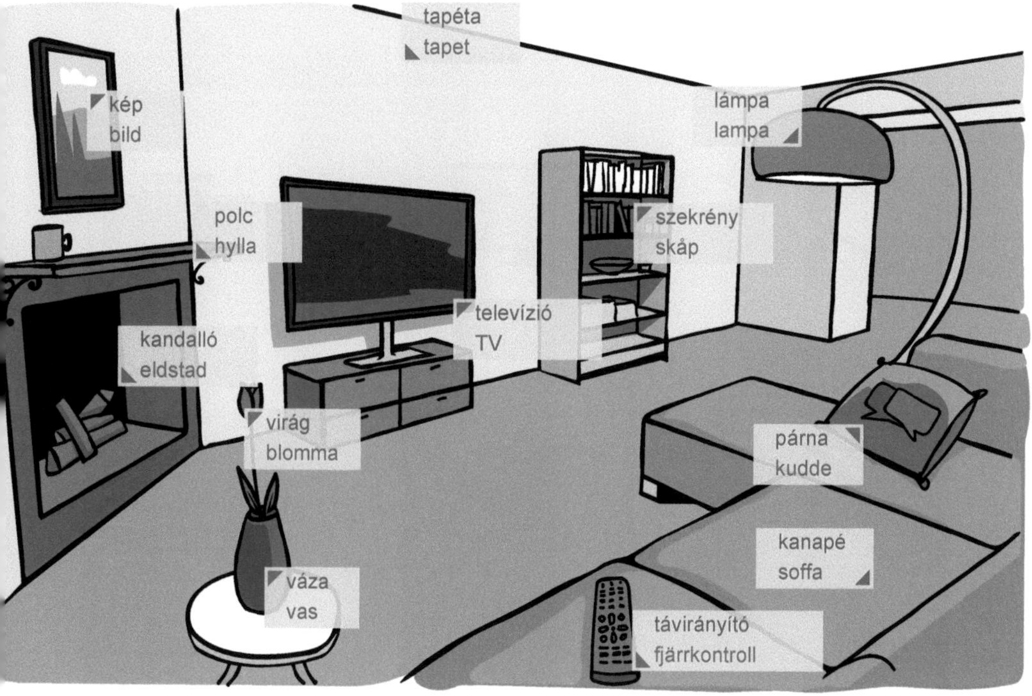

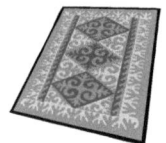

szőnyeg
matta

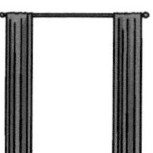

függöny
gardin

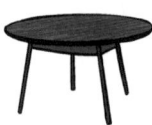

asztal
bord

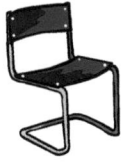

szék
stol

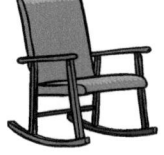

hintaszék
gungstol

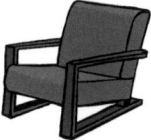

karosszék
fåtölj

könyv
bok

takaró
filt

dekoráció
dekoration

tűzifa
vedträ

film
film

hifi
stereoanläggning

kulcs
nyckel

újság
dagstidning

festmény
målning

poszter
poster

rádió
radio

jegyzetfüzet
anteckningsbok

porszívó
dammsugare

kaktusz
kaktus

gyertya
stearinljus

konyha
kök

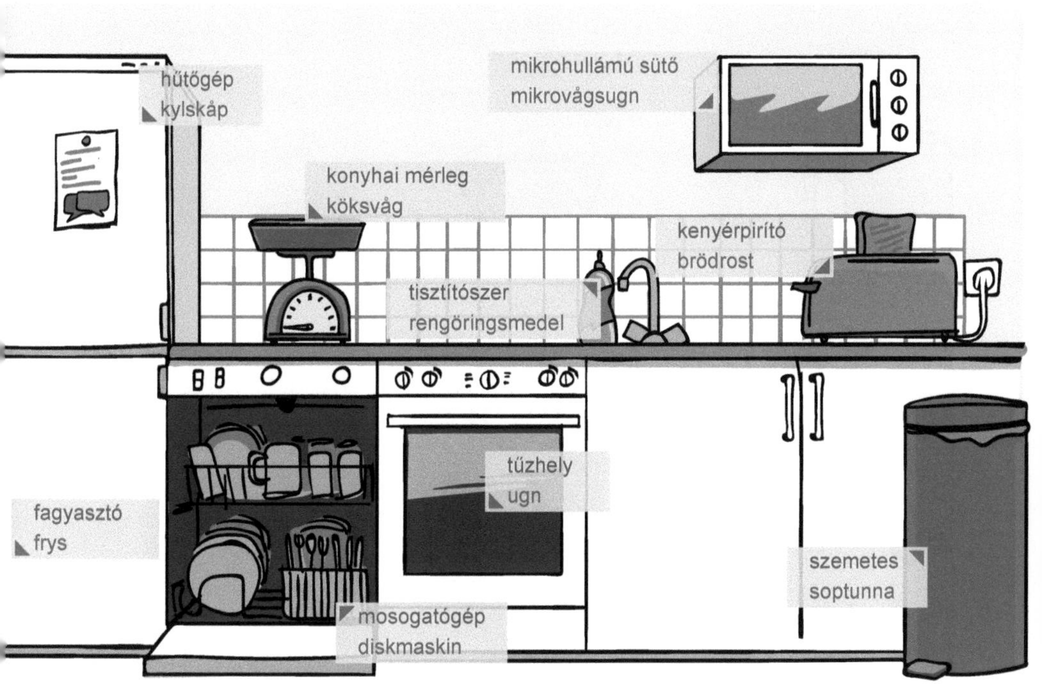
hűtőgép
kylskåp
mikrohullámú sütő
mikrovågsugn
konyhai mérleg
köksvåg
kenyérpirító
brödrost
tisztítószer
rengöringsmedel
tűzhely
ugn
fagyasztó
frys
szemetes
soptunna
mosogatógép
diskmaskin

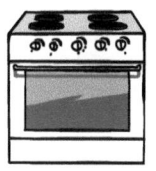

tűzhely
spis

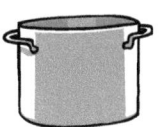

edény
kastrull

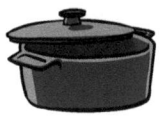

vasfazék
järngryta

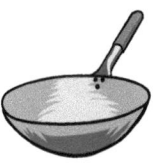

wok / kadai
wok / kadai

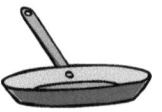

serpenyő
stekpanna

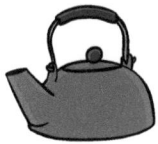

vízforraló
vattenkokare

	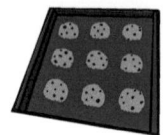	
pároló	tepsi	étkészlet
ångkokare	bakplåt	porslin

bögre	tálka	evőpálcika
mugg	skål	ätpinnar

merőkanál	keverőlapátka	habverő
soppslev	stekspade	visp

szűrő	szita	reszelő
durkslag	sil	rivjärn

mozsár	grillsütő	kandalló
mortel	grill	brasa

vágódeszka

skärbräda

sodrófa

kavel

dugóhúzó

korkskruv

doboz

burk

konzervnyitó

burköppnare

edényfogó

grytlapp

mosogató

vask

kefe

borste

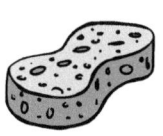

szivacs

svamp

turmixgép

mixer

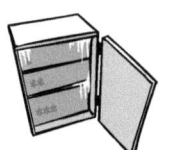

mélyhűtő

frys

cumisüveg

nappflaska

csap

kran

konyha - kök

fürdőszoba

badrum

zuhany
dusch
fűtés
värme
törölköző
handduk
zuhanyfüggöny
duschdraperi
habfürdő
bubbelbad
kád
badkar
pohár
glas
mosógép
tvättmaskin
csap
kran
csempe
kakel
bili
potta
mosogató
vask

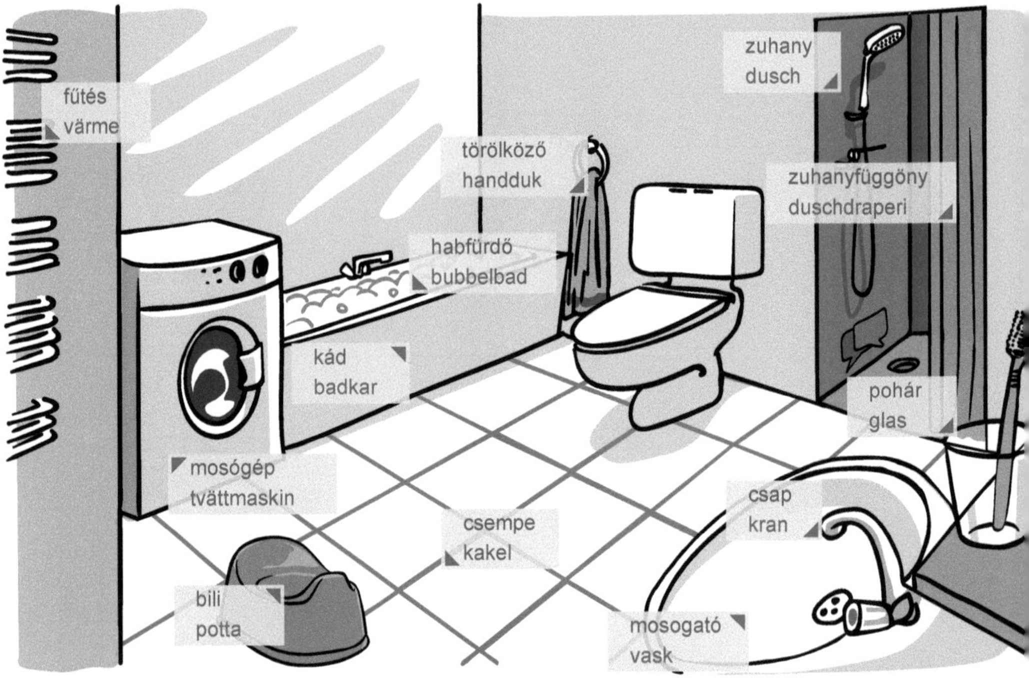

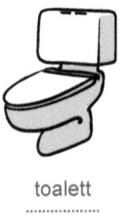

toalett

toalett

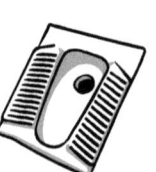

guggolós toalett

låg toalett

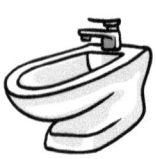

bidé

bidet

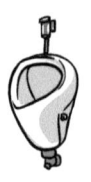

piszoár

pissoar

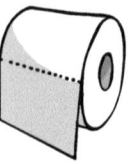

toalett papír

toalettpapper

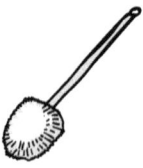

wc kefe

toalettborste

fogkefe

tandborste

fogkrém

tandkräm

fogselyem

tandtråd

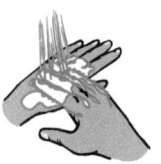

mosni

tvätta

kézi zuhany

handdusch

intimzuhany

intimdusch

mosdótál

handfat

hátmosó kefe

ryggborste

szappan

tvål

tusfürdő

duschgel

sampon

schampo

mosdókesztyű

trasa

lefolyó

avlopp

krém

crème

dezodor

deodorant

tükör
spegel

kézitükör
handspegel

borotva
rakhyvel

borotvahab
raklödder

borotválkozás utáni arcszesz
rakvatten

fésű
kam

hajkefe
borste

hajszárító
hårtork

hajlakk
hårspray

smink
smink

ajakrúzs
läppstift

körömlakk
nagellack

vatta
bomullsvadd

körömvágó olló
nagelsax

parfüm
parfym

neszesszer

necessär

sámli

pall

mérleg

våg

köntös

badrock

gumikesztyű

gummihandskar

tampon

tampong

egészségügyi betét

binda

vegyi WC

kemisk toalett

gyerekszoba
barnrum

ébresztő óra
väckarklocka
plüssállat
gosedjur
játékautó
leksaksbil
csörgő
skallra
babaház
dockhus
ajándék
present

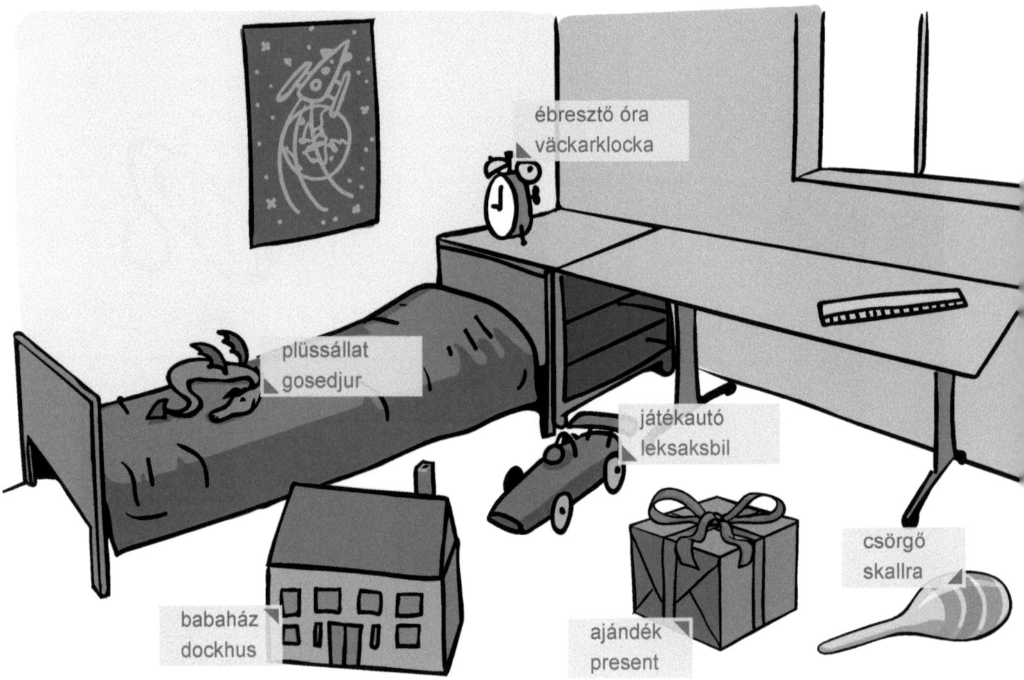

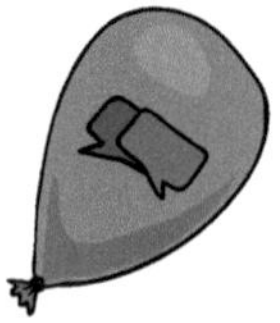

lufi

ballong

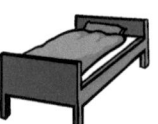

ágy

säng

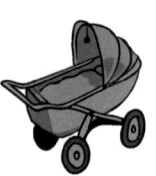

babakocsi

barnvagn

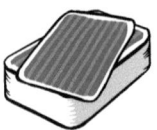

kártyapakli

kortlek

kirakós játék

pussel

SUPER
MEGA

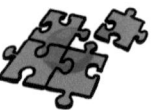

képregény

serietidning

építőkockák

legobitar

építőelem

klossar

szuperhős

actionfigur

rugdalózó

sparkdräkt

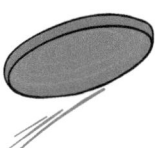

frizbi

frisbee

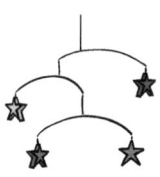

zenélő forgó

mobil

társasjáték

brädspel

kocka

tärning

modellvasút

modelljärnväg

cumi

napp

zsúr

party

képeskönyv

bilderbok

labda

boll

baba

docka

játszani

spela

homokozó
sandláda

hinta
gunga

játékok
leksaker

videójáték konzol
spelkonsol

tricikli
trehjuling

teddi maci
nalle

ruhásszekrény
garderob

ruházat
kläder

zokni
sockar

harisnya
strumpor

harisnyanadrág
tights

sál
halsduk

esernyő
paraply

póló
t-shirt

öv
bälte

csizma
stövlar

papucs
tofflor

tornacipő
sneakers

szandál
....
sandaler

cipő
....
skor

gumicsizma
....
gummistövlar

alsónadrág
....
underbyxor

melltartó
....
BH

mellény
....
linne

body
body

nadrág
byxor

farmer
jeans

szoknya
kjol

blúz
blus

ing
skjorta

pulóver
pullover

kapucnis pulóver
sweater

blézer
blazer

dzseki
jacka

kabát
kappa

esőkabát
regnjacka

kosztüm
dräkt

ruha
klänning

esküvői ruha
bröllopsklänning

öltöny

kostym

hálóing

nattlinne

pizsama

pyjamas

szári

sari

fejkendő

slöja

turbán

turban

burka

burka

kaftán

kaftan

abaya

abaya

fürdőruha

baddräkt

fürdőnadrág

badbyxor

rövidnadrág

shorts

tréningruha

träningsoverall

kötény

förkläde

kesztyű

handskar

gomb

knapp

szemüveg

glasögon

karkötő

armband

nyaklánc

halsband

gyűrű

ring

fülbevaló

örhänge

sapka

mössa

vállfa

galge

kalap

hatt

nyakkendő

slips

cipzár

dragkedja

bukósisak

hjälm

nadrágtartó

hängslen

iskolai egyenruha

skoluniform

egyenruha

uniform

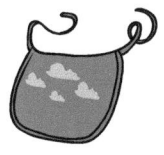

előke

haklapp

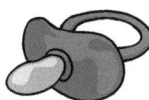

cumi

napp

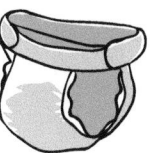

pelenka

blöja

iroda
kontor

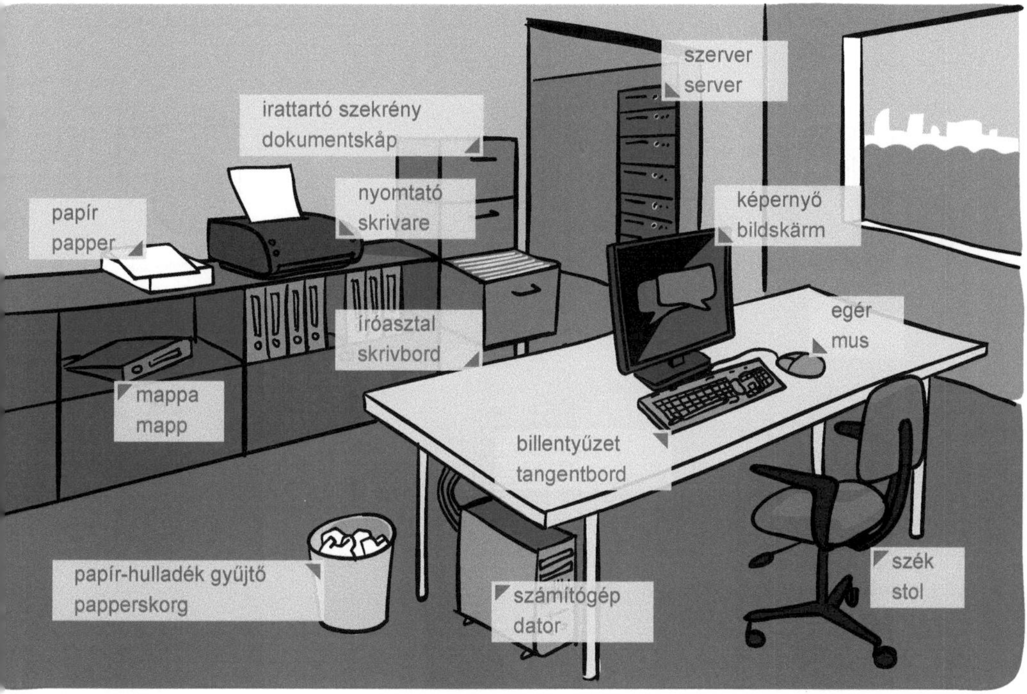
szerver
server
irattartó szekrény
dokumentskåp
nyomtató
skrivare
képernyő
bildskärm
papír
papper
íróasztal
skrivbord
egér
mus
mappa
mapp
billentyűzet
tangentbord
papír-hulladék gyűjtő
papperskorg
szék
stol
számítógép
dator

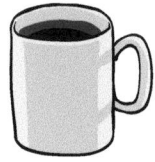

kávéscsésze

kaffemugg

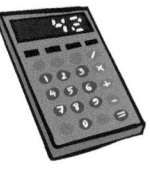

számológép

miniräknare

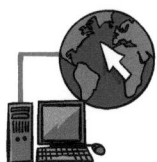

internet

internet

laptop

bärbar dator

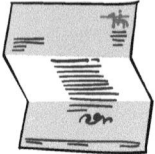

levél

brev

üzenet

meddelande

mobiltelefon

mobiltelefon

hálózat

nätverk

fénymásoló

kopieringsapparat

szoftver

programvara

telefon

telefon

konnektor

vägguttag

faxgép

fax

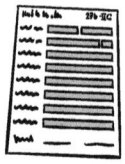

formanyomtatvány

blankett

dokumentum

dokument

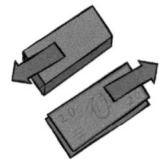

venni
köpa

fizetni
betala

kereskedni
handla

pénz
pengar

USD

dollár
dollar

EUR

euró
euro

JPY

jen
yen

RUB

rubel
rubel

CHF

svájci frank
schweizisk franc

CNY

kínai jüan
renminbi yan

INR

rúpia
rupie

bankautomata
bankomat

valutaváltó iroda

växelkontor

arany

guld

ezüst

silver

olaj

olja

energia

energi

ár

pris

szerződés

kontrakt

adó

skatt

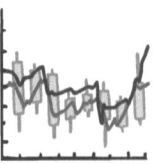

részvény

aktie

dolgozni

arbeta

munkavállaló

anställd

munkaadó

arbetsgivare

gyár

fabrik

üzlet

affär

foglalkozások
yrken

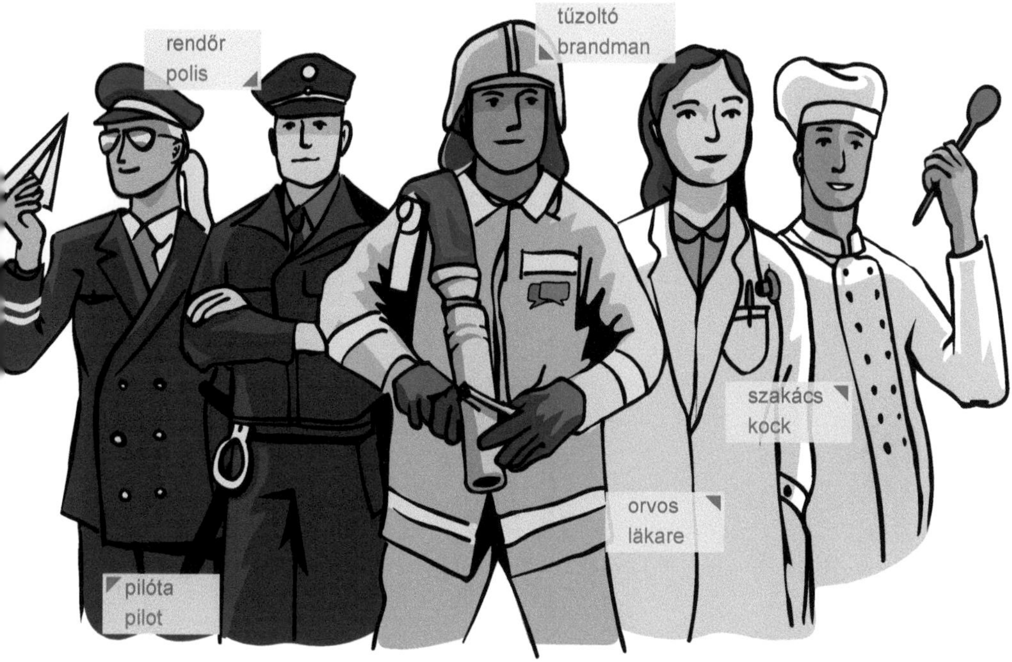

tűzoltó
brandman
rendőr
polis
szakács
kock
orvos
läkare
pilóta
pilot

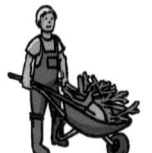

kertész

trädgårdsmästare

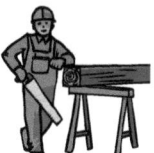

kárpitos

snickare

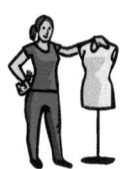

varrónő

sömmerska

bíró

domare

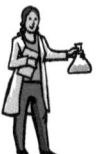

vegyész

kemist

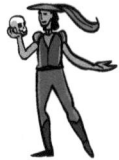

színész

skådespelare

buszsofőr

busschaufför

taxisofőr

taxichaufför

halász

fiskare

bejárónő

städerska

tetőfedő

takläggare

pincér

servitör

vadász

jägare

festő

målare

pék

bagare

villanyszerelő

elektriker

építőmunkás

byggarbetare

mérnök

ingenjör

hentes

slaktare

vízvezeték-szerelő

rörmokare

postás

brevbärare

katona

soldat

építész

arkitekt

eladó

kassör

virágos

florist

fodrász

frisör

kalauz

konduktör

műszerész

mekaniker

kapitány

kapten

fogorvos

tandläkare

tudós

vetenskapsman

rabbi

rabbin

imám

imam

szerzetes

munk

lelkész

präst

szerszámok
verktyg

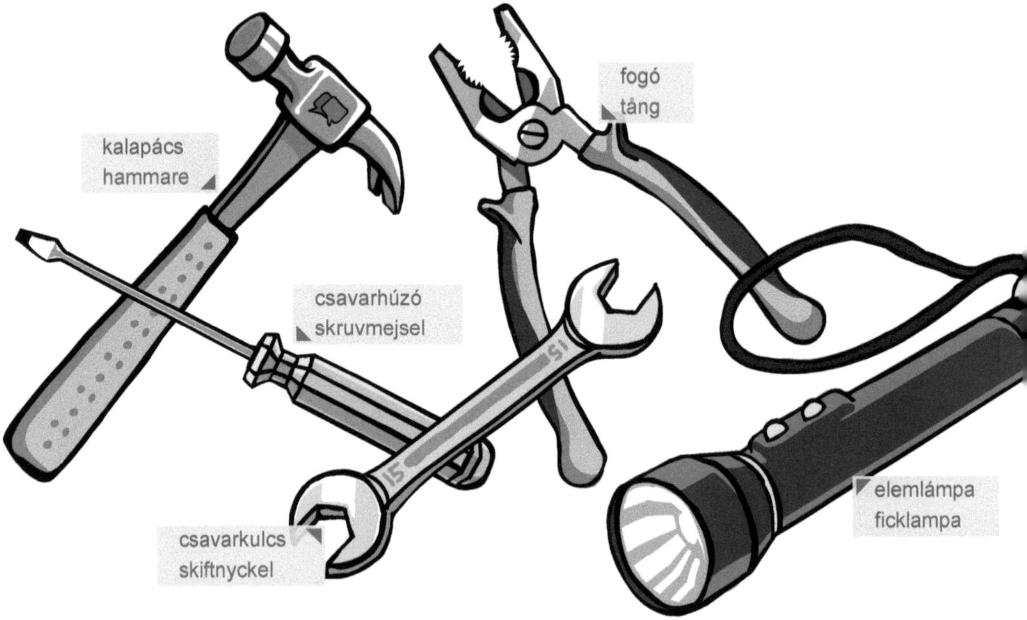

kalapács
hammare
fogó
tång
csavarhúzó
skruvmejsel
csavarkulcs
skiftnyckel
elemlámpa
ficklampa

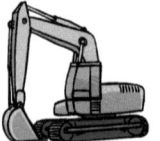

markológép
....
grävmaskin

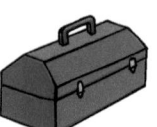

szerszámosláda
....
verktygslåda

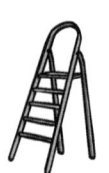

vödör
....
stege

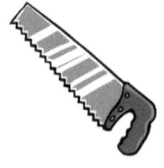

fűrész
....
såg

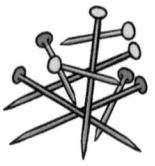

szög
....
spik

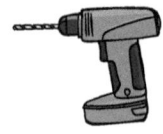

fúrógép
....
borr

megjavítani

reparera

lapát

spade

A francba!

Helvete!

szemétlapát

sopskyffel

festékesdoboz

färgburk

csavar

skruvar

hangszerek
musikinstrument

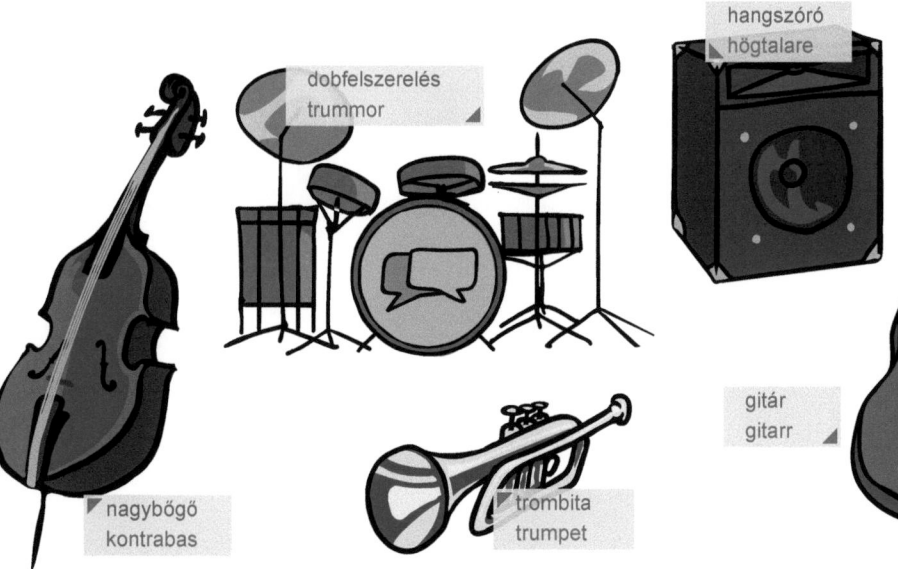

hangszóró
högtalare

dobfelszerelés
trummor

gitár
gitarr

nagybőgő
kontrabas

trombita
trumpet

zongora

piano

hegedű

violin

basszusgitár

bas

üstdob

timpani

dobok

trumma

digitális zongora

keyboard

szaxofon

saxofon

fuvola

flöjt

mikrofon

mikrofon

állatkert

zoo

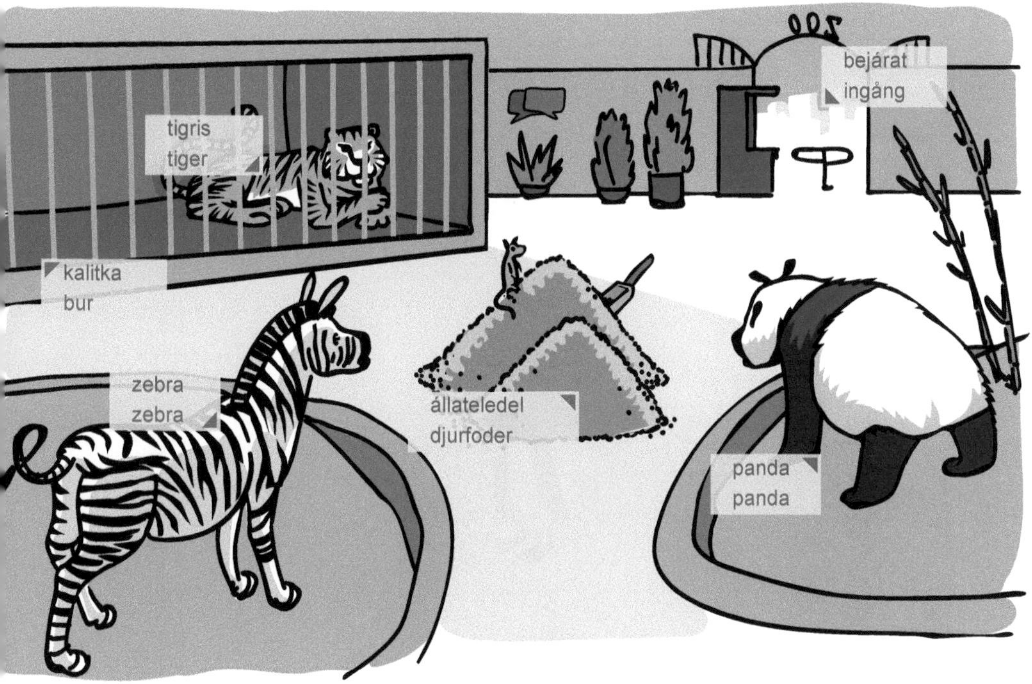

bejárat
ingång
tigris
tiger
kalitka
bur
zebra
zebra
állateledel
djurfoder
panda
panda

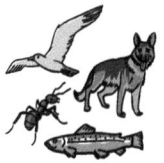

állatok
djur

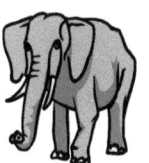

elefánt
elefant

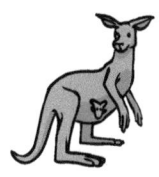

kenguru
känguru

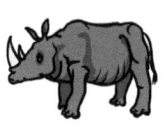

orrszarvú
noshörning

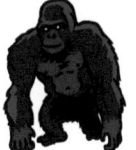

gorilla
gorilla

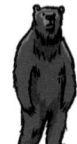

medve
björn

teve
kamel

strucc
struts

oroszlán
lejon

majom
apa

flamingó
flamingo

papagáj
papegoja

jegesmedve
isbjörn

pingvin
pingvin

cápa
haj

páva
påfågel

kígyó
orm

krokodil
krokodil

állatgondozó
djurskötare

fóka
säl

jaguár
jaguar

póniló	leopárd	víziló
ponny	leopard	flodhäst

zsiráf	sas	vaddisznó
giraff	örn	vildsvin

hal	teknős	rozmár
fisk	sköldpadda	valross

róka	gazella
räv	gazell

amerikai futball
amerikansk fotboll

kerékpározás
cykling

tenisz
tennis

kosárlabda
basket

úszás
simning

boksz
boxning

jégkorong
ishockey

futball

fotboll

tollas

badminton

atlétika

friidrott

kézilabda

handboll

síelés

skidåkning

lovaspóló

polo

tevékenységek
aktiviteter

ugrani
hoppa
ölelni
krama
nevetni
skratta
sétálni
gå
énekelni
sjunga
álmodni
drömma
dicsérni
be
csókolni
kyssa

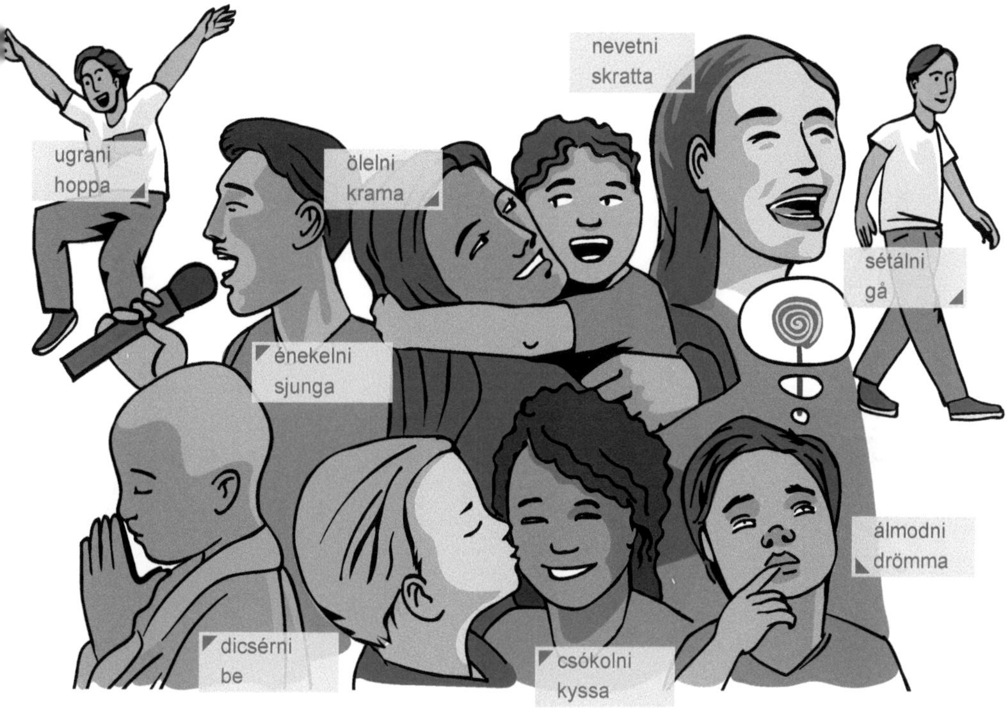

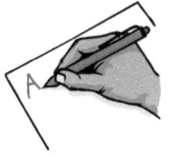

írni
skriva

rajzolni
rita

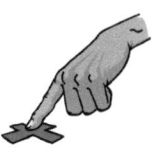

mutatni
visa

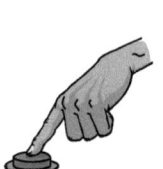

tolni
skjuta

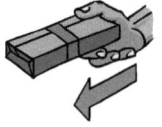

adni
ge

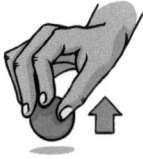

vinni
ta

birtokolni
hagel

csinálni
göra

lenni
vara

állni
stå

futni
springa

húzni
dra

hajít
kasta

esni
falla

hazudni
ligga

várni
vänta

vinni
bära

ülni
sitta

felvenni
klä på

aludni
sova

felébredni
vakna

ránézni

se på

sírni

gråta

simogat

smeka

fésülni

kamma

beszélni

prata

megérteni

förstå

kérdezni

fråga

hallgatni

höra

inni

dricka

enni

äta

takarítani

städa

szeretni

älska

főzni

laga mat

vezetni

köra

szállni

flyga

vitorlázni

segla

számol

räkna

olvasni

läsa

tanulni

lära sig

dolgozni

arbeta

házasodni

gifta sig

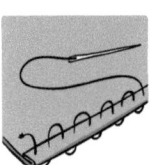

varrni

sy

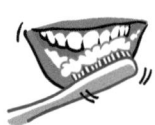

fogat mosni

borsta tänderna

ölni

döda

dohányozni

röka

küldeni

skicka

család

familj

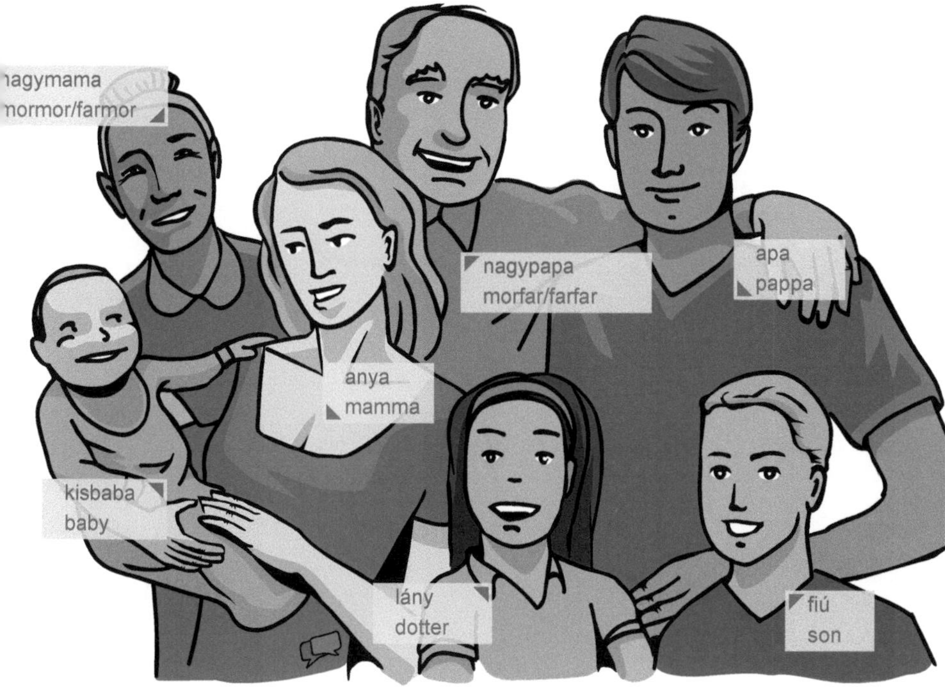

nagymama
mormor/farmor
nagypapa
morfar/farfar
apa
pappa
anya
mamma
kisbaba
baby
lány
dotter
fiú
son

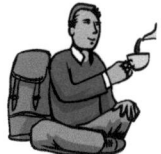

vendég
gäst

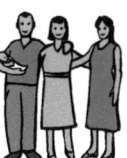

nagynéni
moster/faster

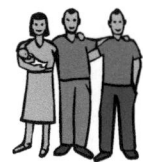

nagybácsi
farbror/morbror

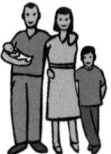

fiútestvér
bror

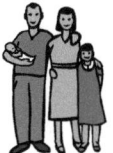

lánytestvér
syster

test
kropp

homlok
panna
szem
öga
váll
skuldra
ujj
finger
arc
ansikte
áll
haka
kéz
hand
láb
ben
mell
bröst
kar
arm

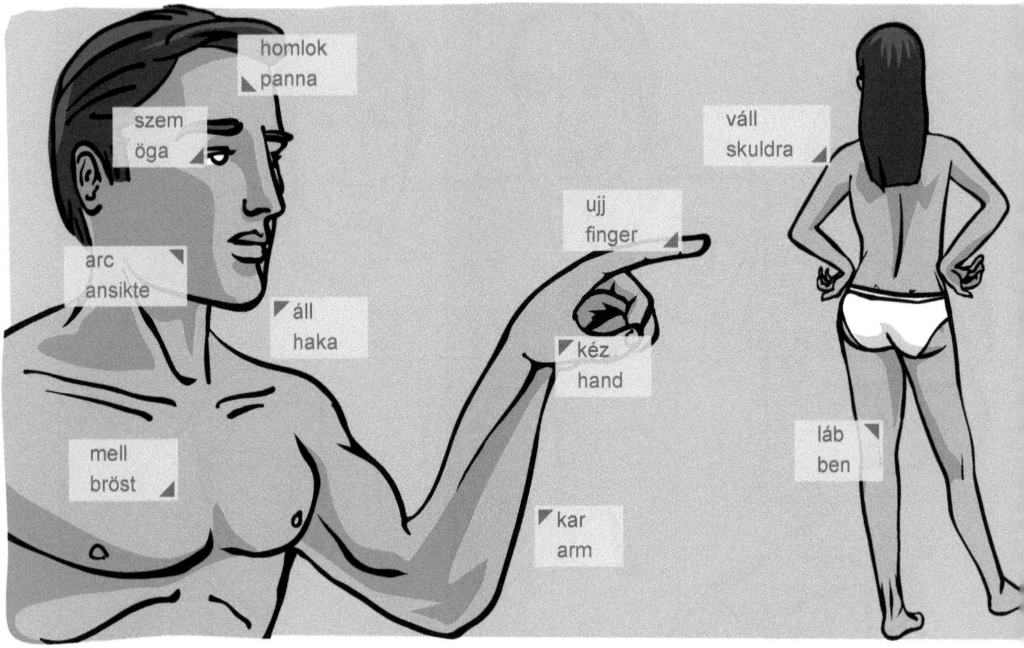

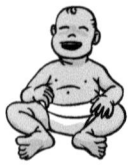

kisbaba
baby

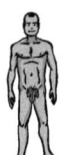

ember
man

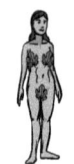

nő
kvinna

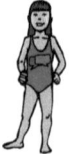

lány
flicka

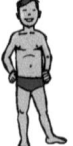

fiú
pojke

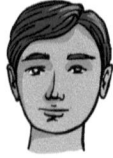

fej
huvud

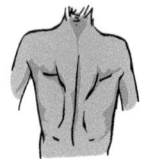

hát

rygg

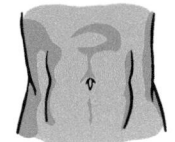

has

mage

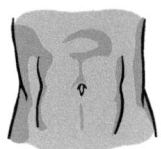

köldök

navel

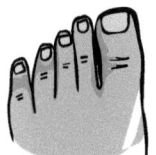

lábujj

tå

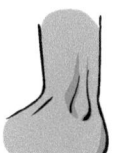

sarok

häl

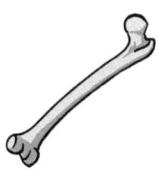

csont

ben

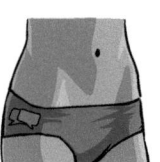

csípő

höft

térd

knä

könyök

armbåge

orr

näsa

fenék

stjärt

bőr

hud

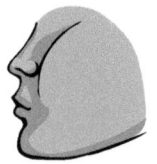

orca

kind

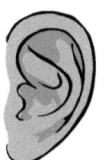

fül

öra

ajak

läpp

száj

mun

fog

tand

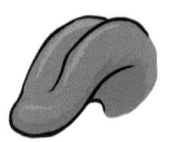

nyelv

tunga

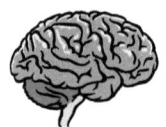

agy

hjärna

szív

hjärta

izom

muskel

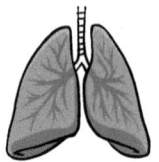

tüdő

lunga

máj

lever

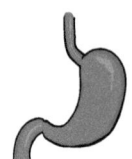

gyomor

magsäck

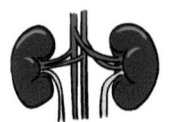

vese

njurar

szex

sex

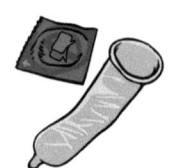

kondom

kondom

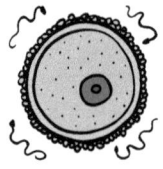

petesejt

äggcell

sperma

sperma

terhesség

graviditet

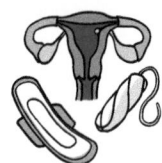

menstruáció

menstruation

vagina

vagina

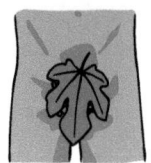

pénisz

penis

szemöldök

ögonbryn

haj

hår

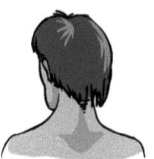

nyak

nacke

kórház
sjukhus

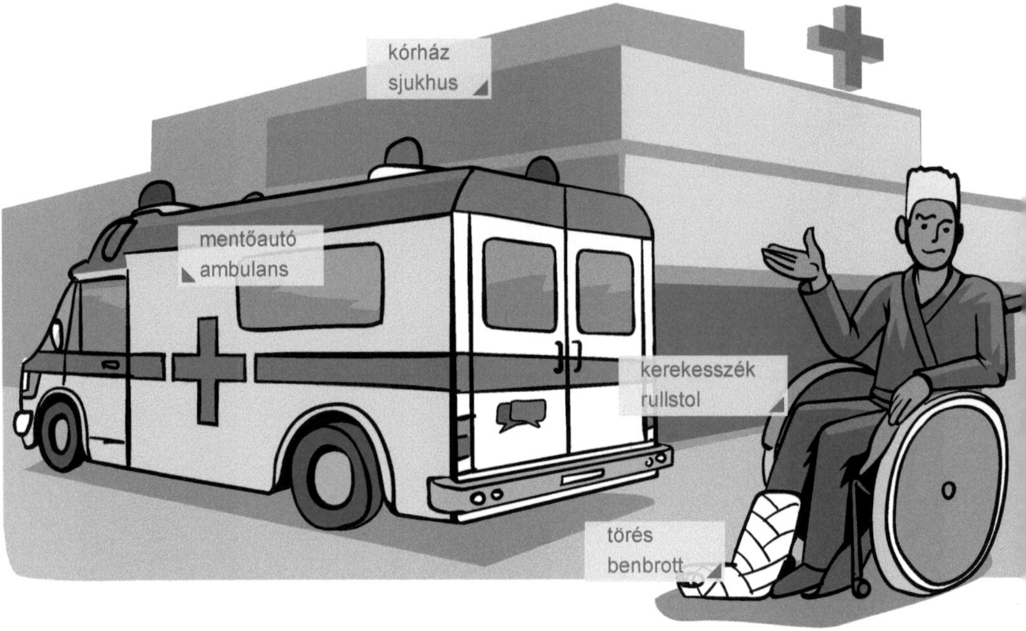

kórház
sjukhus
mentőautó
ambulans
kerekesszék
rullstol
törés
benbrott

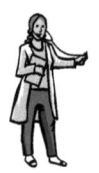

orvos

läkare

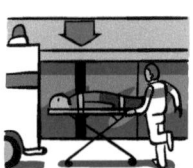

sürgősségi osztály

akutmottagning

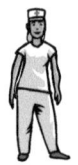

ápoló

sjuksköterska

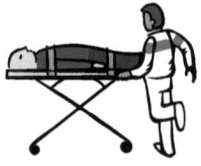

vészhelyzet

nödsituation

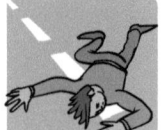

eszméletlen

medvetslös

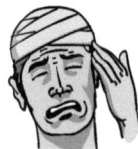

fájdalom

smärta

sérülés

skada

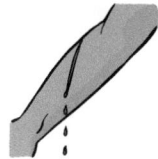

vérzés

blödning

szívroham

hjärtattack

szélütés

slaganfall

allergia

allergi

köhögés

hosta

láz

feber

influenza

influensa

hasmenés

diarré

fejfájás

huvudvärk

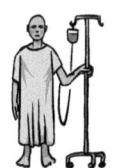

rák

cancer

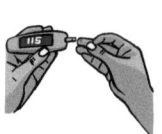

cukorbetegség

diabetes

sebész

kirurg

szike

skalpell

műtét

operation

CT
CT

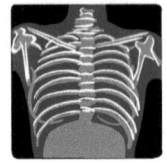

röntgen
röntgen

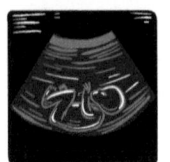

ultrahang
ultraljud

arcmaszk
ansiktsmask

betegség
sjukdom

váróterem
väntsal

mankó
krycka

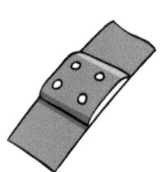

sebtapasz
plåster

kötszer
bandage

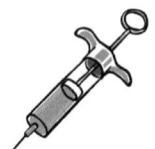

injekció
injektion

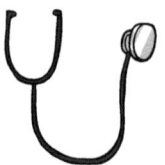

sztetoszkóp
stetoskop

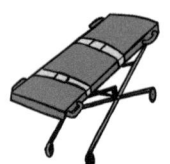

hordágy
bår

klinikai hőmérő
termometer

születés
födsel

túlsúly
övervikt

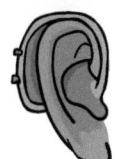

hallókészülék
....
hörapparat

fertőtlenítőszer
....
desinfektionsmedel

fertőzés
....
infektion

vírus
....
virus

HIV/AIDS
....
HIV / AIDS

orvosság
....
medicin

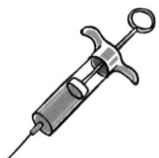

oltás
....
vaccination

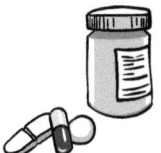

tabletták
....
tabletter

tabletta
....
p-piller

sürgősségi hívás
....
nödsamtal

vérnyomásmérő
....
blodtrycksmätare

betegség / egészség
....
sjuk / frisk

Segítség!

Hjälp!

riasztás

alarm

rajtaütés

överfall

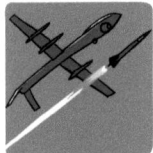

támadás

misshandel

veszély

fara

vészkijárat

nödutgång

tűz!

Det brinner!

tűzoltókészülék

brandsläckare

baleset

olycka

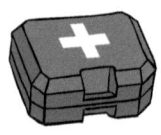

elsősegélycsomag

förbandslåda

SOS

SOS

rendőrség

polis

Európa

Europa

Észak-Amerika

Nordamerika

Dél-Amerika

Sydamerika

Afrika

Afrika

Ázsia

Asien

Ausztrália

Australien

Atlanti-óceán

Atlanten

Csendes-óceán

Stilla Havet

Indiai-óceán

Indiska Oceanen

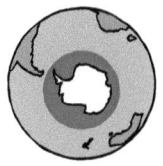

Déli-óceán

Antarktiska Oceanen

Jeges-tenger

Arktiska Oceanen

Északi-sark

Nordpol

Déli-sark

Sydpol

Antarktisz

Antarktis

föld

Jorden

szárazföld

land

tenger

hav

sziget

ö

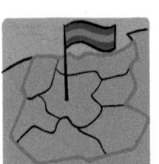

nemzet

nation

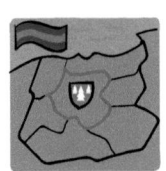

állam

stat

számlap

urtavla

kismutató

timvisare

nagymutató

minutvisare

másodpercmutató

sekundvisare

Mennyi az idő?

Vad är klockan?

nap

dag

idő

tid

most

nu

digitális óra

digital klocka

perc

minut

óra

timme

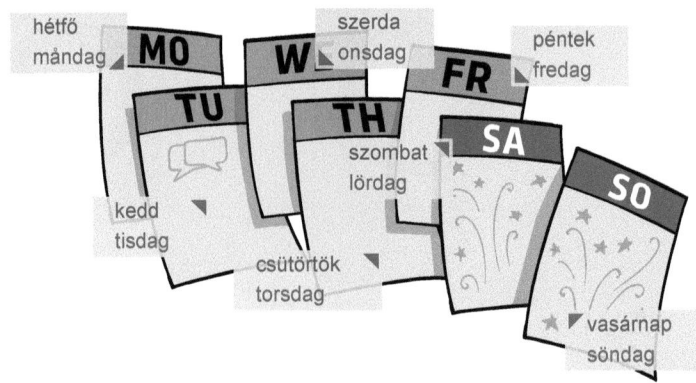

hétfő / måndag — MO
szerda / onsdag — W
péntek / fredag — FR
kedd / tisdag — TU
csütörtök / torsdag — TH
szombat / lördag — SA
vasárnap / söndag — SO

tegnap
igår

ma
idag

holnap
imorgon

reggel
morgon

dél
middag

este
kväll

MO	TU	WE	TH	FR	SA	SU
1	2	3	4	5	6	7
8	9	10	11	12	13	14
15	16	17	18	19	20	21
22	23	24	25	26	27	28
29	30	31	1	2	3	4

hétköznap
vardagar

MO	TU	WE	TH	FR	SA	SU
1	2	3	4	5	6	7
8	9	10	11	12	13	14
15	16	17	18	19	20	21
22	23	24	25	26	27	28
29	30	31	1	2	3	4

hétvége
helg

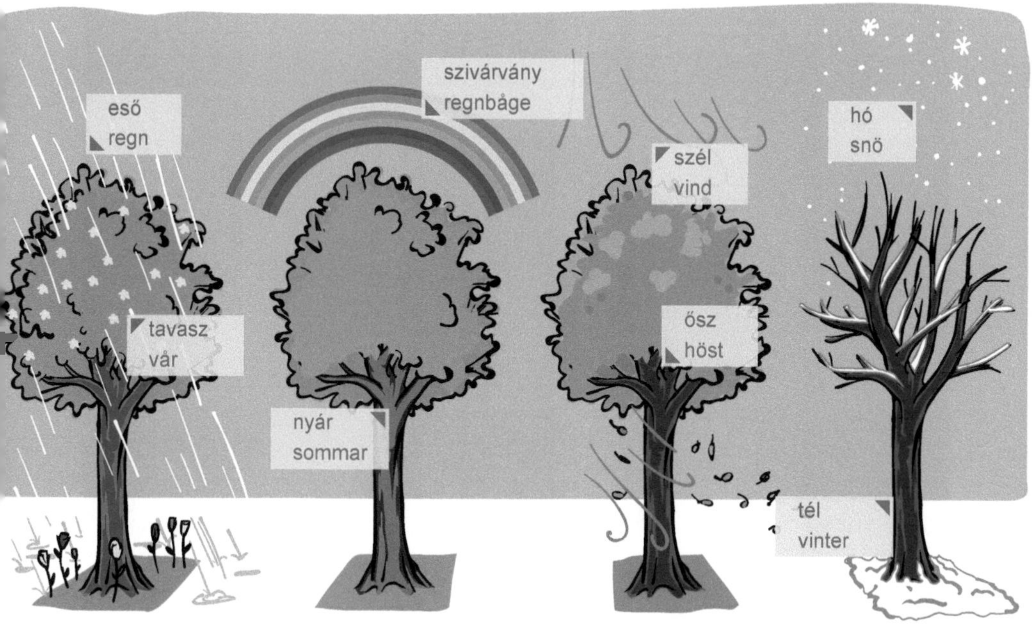

eső / regn

szivárvány / regnbáge

szél / vind

hó / snö

tavasz / vår

ősz / höst

nyár / sommar

tél / vinter

4. APRIL	11°	
5. APRIL	4°	
6. APRIL	13°	
7. APRIL	8°	
8. APRIL	10°	

időjárás előrejelzés
väderprognos

hőmérő
termometer

napsütés
solsken

felhő
moln

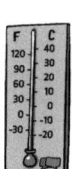

köd
dimma

páratartalom
luftfuktighet

villámlás

blixt

mennydörgés

åska

vihar

storm

jégeső

hagel

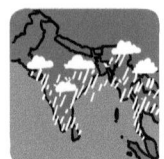

monszun

monsun

áradás

översvämning

jég

is

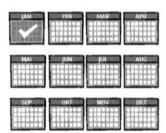

január

januari

február

februari

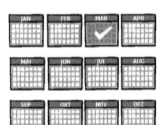

március

mars

április

april

május

maj

június

juni

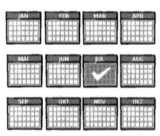

július

juli

augusztus

augusti

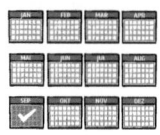

szeptember

september

október

oktober

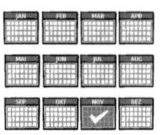

november

november

december

december

alakzatok
former

kör

cirkel

négyzet

kvadrat

téglalap

rektangel

háromszög

triangel

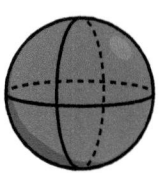

gömb

sfär

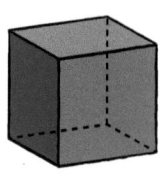

kocka

kub

fehér
....
vit

sárga
....
gul

narancs
....
orange

rózsaszín
....
rosa

piros
....
röd

lila
....
lila

kék
....
blå

zöld
....
grön

barna
....
brun

szürke
....
grå

fekete
....
svart

sok / kevés
mycket / lite

mérges / nyugodt
arg / lugn

szép / csúnya
vacker / ful

kezdet / vég
början / slut

nagy / kicsi
stor / liten

világos / sötét
ljus / mörk

fivér / nővér
bror / syster

tiszta / koszos
ren / smutsig

teljes / nem teljes
komplett / ofullständig

nappal / éjszaka
dag / natt

halott / élő
död / levande

széles / keskeny
bred / smal

ehető / nem ehető

ätlig / oätlig

gonosz / kedves

ond / god

izgatott / unott

upphetsad / uttråkad

kövér / vékony

tjock / smal

első / utolsó

först / sist

barát / ellenség

vän / fiende

teli / üres

full / tom

kemény / puha

hård / mjuk

nehéz / könnyű

tung / lätt

éhség / szomjúság

hunger / törst

betegség / egészség

sjuk / frisk

illegális / legális

olaglig / laglig

intelligens / buta

intelligent / dum

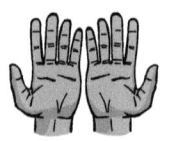

bal / jobb

vänster / höger

közel / távol

nära / långt bort

új / használt

ny / begagnad

semmi / valami

inget / något

idős / fiatal

gammal / ung

be / ki

på / av

nyitva / zárva

öppen / stängd

csendes / hangos

tyst / högljudd

gazdag / szegény

rik / fattig

helyes / helytelen

rätt / fel

érdes / sima

grov / slät

szomorú / vidám

ledsen / glad

rövid / hosszú

kort / lång

lassú / gyors

långsam / snabb

nedves / száraz

våt / torr

meleg / hideg

varm / sval

háború / béke

krig / fred

0

nulla

noll

1

egy

ett

2

kettő

två

3

három

tre

4

négy

fyra

5

öt

fem

6

hat

sex

7

hét

sju

8

nyolc

åtta

9

kilenc

nio

10

tíz

tio

11

tizenegy

elva

12

tizenkettő

tolv

13

tizenhárom

tretton

14

tizennégy

fjorton

15

tizenöt

femton

16

tizenhat

sexton

17

tizenhét

sjutton

18

tizennyolc

arton

19

tizenkilenc

nitton

20

húsz

tjugo

100

száz

hundra

1.000

ezer

tusen

1.000.000

millió

miljon

angol

engelska

amerikai angol

amerikansk engelska

mandarin kínai

kinesisk mandarin

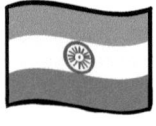

hindi

hindi

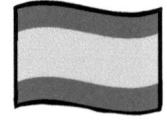

spanyol

spanska

francia

franska

arab

arabiska

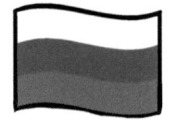

orosz

ryska

portugál

portugisiska

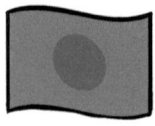

bengáli

bengali

német

tyska

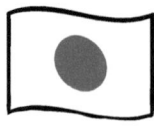

japán

japanska

én
jag

te
du

ő
han / hon / den (det)

mi
vi

ti
ni

ök
de

ki?
vem?

mi?
vad?

hogyan?
hur?

hol?
var?

mikor?
när?

név
namn

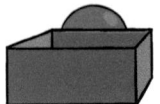

mögött
....
bakom

benne
....
i

elötte
....
framför

felette
....
över

rajta
....
på

alatta
....
under

mellett
....
bredvid

között
....
mellan

hely
....
plats